JN275074

# 働くことと回復

## ― 就労継続支援A型事業所から見えること ―

平成24年、障害者自立支援法は障害者総合支援法へと改定され、精神障がい者が働くことを支援する機運がますます高まっています。筆者は、精神保健福祉士として精神科病院に長年勤務してきました。その経験をもとにラグーナ出版を設立し、平成26年現在、30名の精神障がいのある社員とともに働いています。

本書は、西日本新聞に「夢とつながりのなかで—精神障がい者就労支援—」（平成24年）というタイトルで15回にわたって掲載されたコラムを収録しています。

## 目次

第一回

# 周りが支えてくれた

（平成二十四年二月二十二日掲載）

鹿児島市に精神障がい者とともに、生きやすい社会作りを目指す出版社「ラグーナ出版」がある。同社は障害者自立支援法に基づき、精神障がい者の暮らしや働く夢を支える自立訓練事業、就労機会を提供する就労継続支援A型（雇用型）事業を行い、体験者が寄せた文芸作品や病気への対処法を掲載した書籍などを発行。社会で暮らす希望を示している。その活動の日々を、川畑善博社長につづってもらう。

★　★　★

昨年の東日本大震災以後、私たちは心のどこかで、モノや国は頼りになららないと感じ、ふっと「つながり」の大切さに気づき、あらためてお金より大切なものがあるのではないかと考え始めたように思います。

ラグーナ出版が昨年四月にスタートさせた、精神障がい者に対する自立訓練事業には、「つながり」を求めて多くの方が来所されます。この事業は、四年前に始めた就労継続支援A型事業の求人をすると、希望者が殺到して大半の人を断る状況が続いたことに心を痛めてつくりました。「働く場所を提供できなくても働く夢を支えたい」「最初の一歩を踏み出す場所をつくりたい」——そういう思いで設立したのです。

「どこに相談すればよいか分からずに来ました」。そう言って、ひきこもりのわが子を、お母さんが面接に連れてくるケースが多数あります。共通しているのは、本人は無口で、母親は心配そう。「つながりをどこに求めたらいいか分からない」ということです。本人に将来の夢や目標を尋ねても「分からない」と答えます。未来とのつながりを失った現在に苦しんでいるのです。

イラスト　星礼菜

私も大学進学で親元を離れて東京で暮らしだした十八歳のとき、半年間のアルバイトでためたお金で、その後の半年間を一人、アパートにひきこもった経験があります。思春期の葛藤といえばそれまでですが、親との意見の対立、人間関係の難しさ、愛や正しさとは何かが分からなくなったからでした。

昼すぎに起きて本を読み、朝方眠りにつく生活。悟りを開こうと大真面目に考え、外出は弁当店と書店だけ。銭湯は二カ月に一回。楽しみはラジオを聞くことで、ある番組を担当する芸能人と「いつかビックになって結婚する」と信じ込み、ニーチェの言う「超人」になった気分で復学しました。

しかし、アルバイトでは筋力が低下していて重いものが持てない状態。学内では人と全く話ができず、話をどう切り出していいかさえ分からない。ラグーナ出版の面接の最中に、あのころのことを思い出し、ふと「親と一緒に暮らしていたら、心の相談窓口に連れられていったのでは」と考えました。

幸いにも私には、上京したときにお世話になった先輩がおり、彼が「外へ」連れ出してくれました。彼は芸能人と結婚するという私の夢を否定することなく、「いい夢だね。善博ならできるよ」と声を掛けてくれました。夢は実現しなかったけれど、夢が未来とのつながりをつくり、私に生きる情熱を与えてくれました。人が社会とのつながりをつくって私を「治して」くれたのです。このときの経験が、私の福祉活動の原点になっています。

人は夢とつながりの中で回復していく――。このシリーズでは、このテーマについて書いていこうと思います。

第二回

# 患者自らが開ける扉

（平成二十四年二月二十九日掲載）

私は一九九八年、精神科病院に就職しました。働きだした当時は、就労支援事業どころか訪問看護やデイケアもありませんでしたが、それから十四年間ですべて整備されたのを考えると、精神医療福祉を取り巻く環境は、目まぐるしい変化を遂げたものだと思います。

精神科病院の勤務前は、東京の出版社にいました。父が亡くなったこともあって、二十九歳で鹿児島に戻ったのです。

書店でアルバイトをしたり、自動車運転や図書館司書の免許を取ったりしながら約十カ月間、真剣に考えました。それは、どんな仕事をするかということとでした。

「次に就職する業界は恐らく一生の仕事になる」と考え、心の不思議さに関心を持っていた私は、その不思議さに直接触れられる精神科病院を選んだのです。といっても、医療関係の資格は持っていませんでしたから、看護助手として入りました。そして、一週間後には「誤った業種を選んでしまった」と悩みました。

患者さんや職員のことで辞めようと思ったことは一度もありませんが、精神科病院独特の閉塞感、自由のなさに驚くとともに、無力感に包まれたのです。

朝から夜まで細かく決められた生活規則、外出一つとってもたくさんの印鑑を必要とする手続きの煩雑さ、ガチャンと大きな音を立てて施錠するドア……。

患者さんは職員が錠を開けてくれるのを従順な態度で待ちます。そして、病院生活に慣れきった患者さんは、開いているドアさえ自分で開けず、職員が開けてくれるのを待つのです。その姿を見たとき、悲しみがこみ上げました。

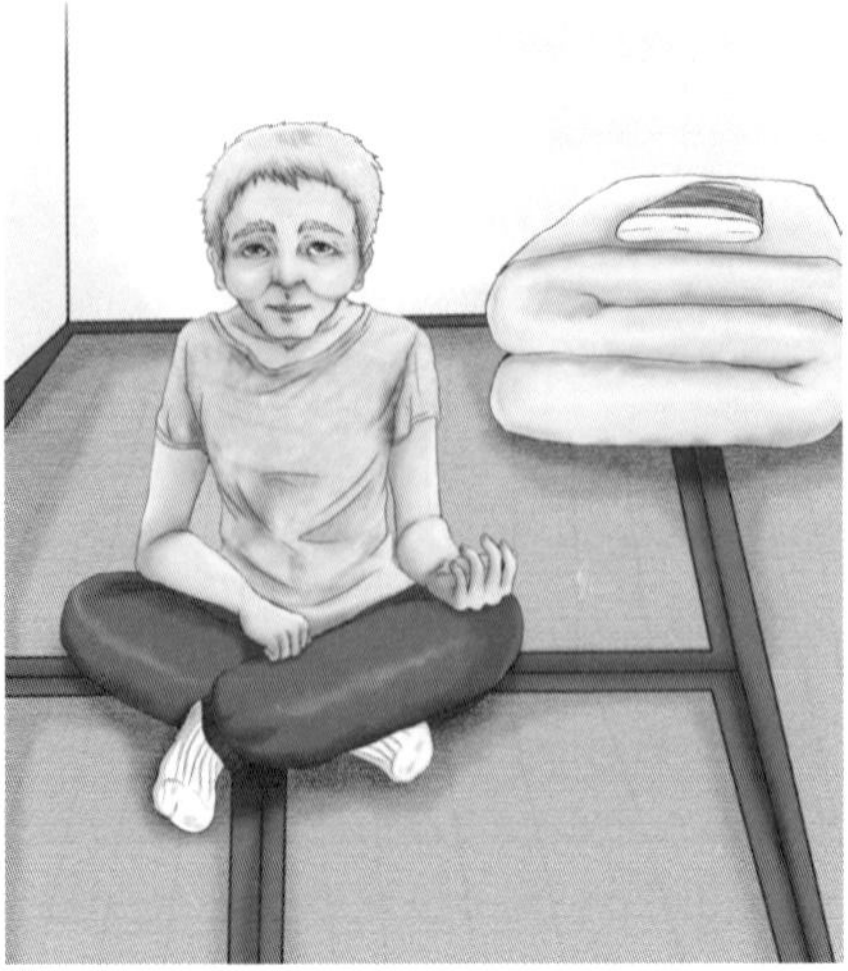

イラスト　あみり

「患者さん自らがドアを開けられるようにしたい」という思いが、後のラグーナ出版設立につながっていったように思います。

その半面、九八年当時の院内では、患者さんが生き生きしていたのも事実です。善しあしは別に、患者さんはつながりを持ち、当番を決めて、掃除や食事の準備、運動会、夏祭りを行っていました。

尊敬できる上司に「患者さんのそばにいるのが仕事」と言われた私は、患者さんの波乱に満ちた人生を聞かせてもらったり、将棋を指したり、ご飯や風呂の介助をしたりして、患者さんとの生活にどっぷり漬かることができました。

仕事が分からなくて困っているとき、真っ先に手を差し伸べてくれたのが患者さんでした。患者さんに育てられたことが、今の私の財産になっているのです。

シェークスピアの戯曲「マクベス」の冒頭に「きれいは汚い、汚いはきれい」という有名な言葉があります。私は、現在のきれいで効率的なプライバシーが守られた病院と比較すると、ずいぶん混沌とし、汚かった環境のなかに、美しいもの、きれいなものもあったと感じています。

第三回

# 社会に行き場がない

（平成二十四年三月七日掲載）

精神科病院に勤務して驚いたのは、薬の重要性でした。新薬が登場すると、眠気や身体のだるさといった副作用が軽くなって元気になり、薬を服用しながら社会生活を送れる患者さんも増えていきました。

薬ひとつで良くも悪くもなる姿を見て、それまでの「人間は精神的な存在である」という考えが、「人間は思ったより物質的な存在なのではないか」と変わるようになりました。でも、何かふに落ちない感覚も抱いていました。

精神科病院で働きだした一九九八年当時、院内には患者さんの自治会がありました。日常の掃除や食事の準備を当番を決めて行っていました。リーダー格

イラスト　あみり

のAさんは、周囲に気を配って当番を決め、それができない患者さんや、まごついている私に、そっと手を差しのべてくれました。

Aさんは農作業がとても上手で、作業の後に一緒にジュースを飲みながら半生を語ってくれました。ある企業の営業職でしたが、ゴルフ大会の打ち上げ会で大失敗をしてしまったそうです。その数カ月後に入院。途中二回の退院もありますが、約三十年間の生活のほとんどは病院でした。その間に職を失い、妻子と別れ、家をなくしました。そして、両親とも音信不通になったのです。

広い農園を前に、静かに話を聞きながら、私は彼を勇気づけたくなりました。「Aさんだったら、退院しても大丈夫ですよ。きっとうまくいきます」と正直な気持ちを伝えました。

そのときの彼の表情が今も忘れられません。Aさんは諦めたような、無関心なような、寂しげな表情で「帰る所も、社会に出ても何もないから退院は考えていないよ」と語ったのです。

現在、精神科病院にはAさんのような社会的に行き場がない人が約七万人入院しているといわれます。夢とつながりを失った七万人です。従来、リハビリは「回復してから仕事に就く」という考え方です。それは、病気や障がいの視点からすると誤りではありませんが、Aさんの問題の解決にはなりません。

ラグーナ出版の面接に来る精神障がい者の方々に仕事をしたい理由を聞くと、「人や社会の役に立ちたい」「堂々と街を歩きたい」「親を安心させたい」といった答えが返ってきます。みな、夢を持ち、社会的なつながりの中での回復を望んでいるのです。

私は、この純粋な気持ちを大切にして、夢に向かって同じ方向を向き、ともに回復を喜ぶ職場をつくりたいと願っています。そして、今は亡きAさんに育ててもらった恩返しをしたいと思っているのです。

第四回

# 体験を伝え励ます力

（平成二十四年三月十四日掲載）

役に立たないとされて埋め立てられる「干潟」にも多様な生物が共存しているように、一見不毛なような場所にこそ、心の問題を解く鍵がある。「干潟」を意味するイタリア語に、そんな思いを込めた「ラグーナ出版」は、メンタルヘルスを中心にした本の出版社です。

代表的な雑誌に「シナプスの笑い」があります。雑誌名は回復期の笑顔と、神経細胞に由来しています。その編集長で、統合失調症がある竜人さん（仮名）との出会いは六年前のことでした。

精神科病院に精神保健福祉士として勤めていた私が、昼休みに一服しているとき、目の前を何やらつぶやきながら通り過ぎて行ったのが彼でした。
その日から注意していると、時に泣き、時にメモしながら、朝から夕方まで病院内を歩き回る姿を目にしました。周りに人を寄せつけない断絶感がありました。

冗談を交わせるようになってから、ある提案をしました。言葉を通して人とのつながりを回復する「社会生活技能訓練」（ＳＳＴ）に誘ったのです。

それは、患者さんに課題を挙げてもらい、参加したみんなで話し方の手順を検討、場面や各自の役割を決めて会話の練習をする治療法です。「大の大人にそんなことが必要なの？」と不思議に思われるかもしれませんが、百人百様とされる統合失調症の人に共通するのは、言葉がうまく使えなくなり、人とのつながりを失うこと。それが人間関係の悪化や孤立を招きます。「人の輪へ連れ出したい」という素朴な思いからのことでした。

実は私は、それまでＳＳＴで多くの感動をもらっていました。「迷惑をかけている妻にありがとうと言いたい」「父に失敗のたびに『ばか』と言われるつらさと、いつも心配してくれることへの感謝を伝えたい」……。目頭が熱くなるような言葉を度々耳にしたのです。

竜人さんと取り組んで驚かされたのは、そのユーモアのセンスでした。

夕方になると「死ね」という幻聴が聞こえる患者さんが「死なないといけないと思ってしまう」と課題を出したときのことです。暗く沈んだ雰囲気の中、竜人さんは笑顔で「それは普通です。大丈夫ですよ。『声』から身を守るヘルメットを開発しました。付けてみます?」と言って、見えないヘルメットを装着させるしぐさをしたのです。

すると患者さんは不思議そうに「あれ? 治りました」。一座は明るい笑い声に包まれました。

自らの「幻聴」について竜人さんが話したのは、この時が初めてでした。理由を尋ねると「医療関係者に霊媒師はいないし、話すなと『声』に言われていたから。でも彼なら分かってくれると思って……」と語りました。絶句した私は、自分の限界に思い至りました。

医療従事者は、病を「知」で知ることができても「体験」して生きることはできません。でも、体験者は、同じ病に苦しむ人とつながることで、励ます力を持っているのです。

数日後、彼は自らの体験記「霊界大戦」を見せてくれました。このメモこそが、ラグーナ出版の始まりとなったのです。

第五回

# 社会に出て行く勇気

（平成二十四年三月二十一日掲載）

「遺書のつもりで書きました」。そう言って統合失調症がある竜人さんが、幻聴体験をつづったメモ帳を見せてくれたのは入院中の精神科病院の図書室でした。

「今まで見てきたが、おまえは救いようのないやつだ」「おまえは今日死ぬ」「絶対許さぬ。全員総攻撃」といった幻聴の言葉が、小さなメモ帳の中でひときわ大きく、うねりをもって書かれていました。そして、その字の後ろから、さまざまな感情が千手観音像の手のように伸びて、圧倒的な力を持って私に迫ってきました。

イラスト　星礼菜

読み進めると、天使や悪魔、歴史上の人物が登場し、戦争や戦友との出会いと別れがあります。思わず「おもしろい小説だね」と感想を伝えました。
　すると彼の表情は怒りに変わり、「違います。小説ではありません。実際に起こっていることです」ときっぱりと言いました。温厚な彼が怒る姿を見るのは初めてです。慌てて彼の身になって読み返しました。
　部屋にスーッと浮かび上がり監視する目、腹の中にわいた虫に内臓を食いちぎられる様子、皮膚が固まって腐りだし、周囲に腐敗が広がっていく描写。私はこのとき初めて彼にとっての「現実」を理解し、何も分かっていなかったことを恥じました。そして、この病気の痛みを世の中に伝える必要性を痛感しました。

彼は、他の人の体験記を読んで自分の病気に気づいたと言います。そして、自分に起こったことを書くことで同じ病に苦しんでいる人の役に立ちたい、と真剣な表情で話しました。

メモ帳の編集作業が始まりました。分かりやすい文章にするために、幻聴のなかで歴史上の人物が語った言葉の意味や、そのとき実際にしていたことを彼に聞くと、すらすらと文章にします。やがて、「霊界大戦」という作品に仕上がりました。

編集作業の間、私たちは互いの夢を語り合いました。竜人さんはもともと作家を目指していたそうです。「病気になる前は、技巧に走っていたけれど、病気になったことで、書くことは生きた軌跡を残す作業になりました」と説明してくれました。書くことと生きることがメビウスの輪のようにつながり、他者に向けて表現することで、生きる力が生まれてきたのです。

信頼していた森越まや医師（現ラグーナ出版会長）に、作品を見せると表情が輝きました。彼女は、社会の中で役割を持つことに精神疾患の回復の鍵があると考えていました。私たちは、他の患者さんからも作品を募集して本にし、社会に出ていこうと語り合いました。

一人で語っていれば夢のままですが、三人で語ると現実味を帯びます。夢のもとに集まったつながりは、患者さんと私たちが、病院から社会に出て行く勇気を与えてくれたように思います。

第六回

# 「アメリカに行こう」

（平成二十四年三月二十八日掲載）

「売れる本を作りませんか？」。私と竜人さんは、精神科病院の外の世界に出て行こうという思いを込めて、キャッチコピーを考案。投稿募集のポスターにして、デイケアの窓口や、病棟に掲示しました。

病院には、詩歌や小説を書くたくさんの患者さんがいます。その中の一人がウナムさん（仮名）でした。彼は、Bさんという、目と耳、口が不自由な患者さんをいつもさりげなく手助けしていました。Bさんは、ウナムさんの顔を手で触って確認すると、他の人のときとは違う笑みを浮かべます。それは、信頼がもたらす美しい光景でした。

ウナムさんは私と同い年で、興味や関心がある分野に共通項が多い人でした。そして、文学の話で盛り上がると、詩や小説を書いた三冊のノートを見せてくれたのです。

彼は子どものころ転校が多く、「人とのつながり方が分からない、書くことは心の支えだった」と語ります。文字は、その性格に似て几帳面《きちょうめん》です。文体は、Bさんに黙って差し出す手のように心の大切な部分に静かに温かく語りかけ、懐かしい何かを思い出させてくれました。集団行動が苦手な彼でしたが、本作りには参加を表明してくれ、私は初めて打ち解けられた気がしました。今も一緒にラグーナ出版で働いています。

出版会議には、患者六人と医師一人、看護師三人、それに私を含めた計十一人が集まりました。会議の中で、それぞれが自分の作品を紹介します。作品は人生と切り離せないため、思わぬエピソードが飛び出し、時に笑いを、時に涙を誘いました。

イラスト　あみり

　ウナムさんは、二回目の入院のとき、「精神的に苦しかったが入院には抵抗した」と回想しました。「どうして抵抗が解けたのですか」と尋ねると、「おじさんに『アメリカに行こう』と言われたから」。会議は爆笑に包まれました。精神科病院に連れて行かれることはうすうす分かったけれど、アメリカの広大な大地を想像し、苦しみから救われると思ったそうです……。

　会議は脱線が多かったのですが、「精神病の回復」「Ｈｏｗ　ｔｏ　退院」という座談会の記事にまとめ、投稿作品と合わせると百二十八ページ。十分本にできる量です。パソコンで入力し印刷、製本。一冊の本の形になると、夢が膨らんでいきました。

最も議論が白熱したのは雑誌のタイトルを決めた時です。たくさんの候補のなかから、「無間地獄」と「シナプスの笑い」が残りました。脳内の神経伝達物質が行き来する場である「シナプス」と、回復期の印である「笑い」からつけた後者に落ち着きました。十七号まで続いていることを思えば、「無間地獄」でなくて本当に良かったと思います。

こうして、二〇〇六年、初版千五百部の雑誌「シナプスの笑い」が出来上がり、私たちは刷り上がった雑誌の前で夢を語りました。その夢はこれまでに幾度か、そして今日もかないました。私たちの夢の原点――。

「良いニュースで新聞に出よう」

第七回

# 社会をきれいな海に

（平成二十四年四月十一日掲載）

「誰でも自分しか書けないものを持っている。それを発掘するのがこの雑誌の目的である。ミステリアスな文の集団。この集団はなんなのだ」

竜人さんの序文を添えて二〇〇六年三月、精神障がい体験者がつくる雑誌「シナプスの笑い」を創刊しました。任意団体「精神をつなぐ・ラグーナ」を組織。「干潟」を意味するイタリア語に、潮が引けば一つの陸地になるような一体感や、一見不毛なようでも海の浄化という大切な役割を担っているという思いを込めました。その組織は今、ラグーナ出版につながっています。

この年、障害者自立支援法が施行され、身体、知的、精神障がいが一体となった福祉施策がスタート。同法には「障がい者がもっと働ける社会に」ということを目指した就労事業が組み込まれており、勤務先の精神科病院では、地域生活支援に熱心な理事が、クリーニング、総菜づくりなど就労機会を提供する就労継続支援A型事業を開始。就労という言葉を身近に感じるようになりました。

雑誌が出来上がった喜びの中、どきどきしながら書店への営業に向かいました。私は、十年間精神科病院の内側から患者さんを見てきましたが、社会が患者さんをどう見ているのか、書店が精神科病院の患者さんが書いた本を受け入れてくれるのか不安でした。そして、自分も病院の中にどっぷりとつかり、経済システムの中で動く一般社会が怖くなっているのに気づいたのです。社会が怖い人間が、社会に出ていこうとする患者さんを支援することはできないと考え、勇気を持って「外へ」行こうと決意しました。それは患者さんのためでなく自分のためでもあったように思います。

書店で雑誌を差し出しながら、何を説明したのか覚えていません。しかし、

訪問した書店はどこも好意的で驚きました。精神障がいの有無に関係なく、本が売れるかどうかで判断してくれます。偏見のない応対に感動を覚え、「精神障がいだから大丈夫だろうか」という医療関係者としての内なる偏見に気づき、恥ずかしさを覚えました。

ある書店の店長は、「シナプスの笑い」コーナーを作り、温かい言葉をかけてくださいました。「全国流通する短期間で消費される本ではなく、長い時間をかけてじわじわ売れる思いのつまった本を応援したい。本ができたら三十冊ずつ持ってきなさい」「ラグーナはよい名前だね。社会がきれいな海になるように応援しますよ」

その店長から「売り切れたので、また持ってきて」と電話をもらったときは、思わず涙がこぼれました。

この体験を通して、私のみならず一緒に行動した患者さんも勇気をもらい、自信がつきました。そして、人に必要なことは、社会とつながったという感覚であり、人に教えられ、認められ、励まされて、人は「回復」していくのだと教えられました。「社会とのつながりの中で回復した」体験が現在のラグーナ出版の原点になっているのです。

第八回

# 「人の役に立ちたい」

（平成二十四年四月十八日掲載）

雑誌「シナプスの笑い」創刊号を出した二〇〇六年当時、ラグーナ出版の母体であるNPO法人「精神をつなぐ・ラグーナ」の活動は、その制作・販売や、月に一回、日曜日に行う「おしゃべり会」でした。

会は参加自由。平均二十人ほどの精神障がいのある方々や家族が集まり、話し合った内容をテープ起こし※して、雑誌に掲載しました。最初は「退院の仕方」「回復」など精神科病院での入院生活がテーマでしたが、回を重ねるうちに、「幸せって？」「生きる力、生かされる力」など、人生や生活に密着した内容に変わっていきました。病院とは違う場所で話し合うことは参加者にとって新鮮で、誰

※テープ起こし　講演・会議・座談などで録音された人の言葉を聞き取り、その内容を文章に直す作業

もが何かから解き放たれたように、生き生きと発言します。

二〇〇七年。地域生活支援に熱心な勤務先の病院理事が株式会社をつくって始めた就労継続支援A型事業所「ア・ライズ」の出版部で、雑誌の制作・販売を仕事として行うことになりました。NPO法人のメンバーは、その社員として働くことになったのです。

「シナプスの笑い」五号に掲載した特集「働くこと」は、仕事をしていない七人のメンバーと、ア・ライズで働くことになった八人の「おしゃべり会」の記録です。読み返すと、働き始めた社員の初々しい気持ちが詰まっています。

現在も営業部で働いている白鳩さん（仮名）は、十年近く家に引きこもっていました。「病気ではない」と否定していた彼ですが、無気力や自殺願望、幻聴などによる生きづらさを理解する過程で病気を受容し、デイケアで私と知り合いました。彼は、パソコンの技能が高く、人当たりが良く、仕事に誘うと「ぜひ働かせてください」と目を輝かせました。

会で、彼は顔を紅潮させて語りました。
「働くことは、人とのつながりをつくることで、今までは、生きるだけで精いっぱいでした」「病気を受け入れて働くことで、親や自分の大切な人、周囲への感謝と責任感が生まれました。いろいろな人に支えられていることにも気づきました」「長い間、迷惑を掛けていた分、お金を得て、恩を少しずつでも返していくのが今の目標です」

ほかにも、仕事の上での挫折や希望が語られ、拍手が自然に湧き上がります。

特に印象に残ったのは、生活相談員と

イラスト　あみり

してスタッフになった統合失調症のある男性（六十五）の言葉です。彼は、薬の服用を中断して九回入退院を繰り返しました。中断の理由は、薬を飲むとき病気を再確認し、薬に頼る自分を情けなく感じたからだそうです。再発が度重なるうちに仕事ができなくなり、「家で好きなことをしても楽しくなくてボランティアを始めました」と語りました。「今でも覚えているいい仕事は、目が見えない方の送迎です。人の役に立てるっていいなあと感じました」

この話を皮切りに「人の役に立ちたい」という話が次々に出て、みんなの熱い気持ちに圧倒されました。病院を出て社会の中に仕事をつくる、その夢をかなえたいと感じました。

こうして、私は病院を退職し二〇〇八年、株式会社ラグーナ出版の設立を決意。編集長の竜人さんに、それを話したのです。「ちょっと待ってください」と時間を置き、彼は答えました。「幻聴が『うまくいく』と言っています」

肩がふっと軽くなりました。

第九回

# ともに「成長」したい

（平成二十四年四月二十五日掲載）

スタッフ二人と、精神障がいのある八人の社員とで二〇〇八年、ラグーナ出版は船出しました。今年、その陣容はスタッフ十一人、社員三十一人にまでなりました。

その一人、星礼菜さん（仮名）とは、週一回、講師として通っていた精神科病院の社会生活技能訓練（ＳＳＴ）で知り合いました。当時、彼女は服薬を始めたばかり。薬の副作用で表情に硬さが残り、手足が思うように動きません。それでも、必死に自分のことを語る姿に心を打たれました。何より、彼女の笑顔は周囲に温かな風を運んでくれていました。

彼女は大学の美術科を卒業してから、四つの職場で働きました。一つ目の会社では「黙って言われた通りにしなさい」、二つ目では「明るく振る舞いなさい」と言われました。自信を失いながらも必死に働いた四つ目で、その不安げな様子に「変わらなければクビだ」と怒鳴られました。

周りに嫌われていると思って仕事を辞めたそうです。自暴自棄になった彼女は、派手な洋服を衝動買いして家出しました。保護した警察官に「もう死にたい」と言って入院したのです。

病院での生活は「自分がどこにいるのか分からない」状態で始まり、SSTには「どんなひどい目に遭わされるのだろう」と思いながら入会したそうです。今では笑いながら話します。

入院する患者さんは、それぞれ「不幸な」物語を持っています。その不幸を不幸のままに終わらせないために、人とのつながりと具体的な行動が必要です。

まず彼女が行ったのは、洋服の処分でした。SSTで「ネットオークションで売ろう」という対処法が示されました。一時外泊から戻ったときに「やってきました」と報告し、周りから温かな拍手を浴びました。

次は、薬の副作用について主治医と相談し、手のリハビリに絵を描くことでした。作業療法の一環で一日外出した際、公園で数年ぶりに絵を描きました。彼女は「絵の仕事が、子どもの頃の夢だったと思い出しました」と話しました。

その絵は人の心に素直に入ってくる優しい作風。主治医がラグーナ出版への就職を勧め、週六時間の勤務からスタートしました。

それから三年。彼女は週一回絵画教室に通い、昼休みも組版※やデザインの勉強をしています。勤務時間は週三十二時間に増えました。

黙々と努力する姿が職場の仲間の心を動かし、彼女は正社員になりました。現在では、彼女を指名したイラストの注文が入り、取引先と相談しながら広報誌や名刺、雑誌の制作を一人でやっています。

今年二月、鹿児島市で行われた就労セミナーで、彼女は二百五十名の観客の

※組版　印刷の一工程で、文字や図版などの要素を配置し、紙面を構成すること。

イラスト　星礼菜

前で自らの体験を語りました。仕事の中で心掛けていることは「孤立しないこと」。働いて良かったのは「仕事をする自分を大切に思うようになったこと」。堂々と話す姿を見ながら、薬の副作用でうまく口が利けなかった彼女を思い出し、熱いものが込み上げました。

彼女が最もうれしかったことは、会社のロゴデザインの制作だったといいます。ラグーナ（干潟）にはさまざまな生物がいて海を浄化します。人魚は心を浄化する神秘的な存在で、本は彼女の支えでした。

会社が成長するためには社員の成長が必要です。そこに障がいは関係ありません。心を浄化する本を作る夢のもとに、ともに成長していきたいと願います。

第十回

# 息子からの「定期便」

（平成二十四年五月二日掲載）

精神障がいのある、のせさんが面接に来たのは三年前の夏でした。飄々《ひょうひょう》としているというのが初対面の印象。よく笑うかと思えば、真剣な表情で「自分のことが新聞で話題なっていない？」と尋ねます。「そんなことはないと思うよ」と答えると、「だよね」と大爆笑。わが社のムードメーカー的な存在です。

彼のお父さんが新聞記者と知ったのは、ずいぶん後のことでした。お父さんは昨年、定年退職。経験を生かして、ボランティアでまち案内をしています。

先日、雑誌「シナプスの笑い」に掲載する座談会「障がい者と街」に参加していただいたとき、「身体障がいに対するまちづくりは整備されつつあるが、精神障がいに対する備えはないのでは」と提起されていました。ユーモアにあふれ飄々とした姿は息子さんに似ています。ただ、私は、その表情や口調のなかに、多くのご家族と共通した影を感じました。

「幸せな家庭は似ているが、不幸な家庭にはそれぞれの不幸な形がある」とはトルストイの言葉。不幸を不幸のままにしないために取り組んでいらっしゃったご家族の葛藤や挑戦が影となって、その方々に奥行きと深みを与えるのです。

父親の気持ちを書いていただくようにお願いすると、その日のうちに返事をいただきました。家族の思いに触れる度に責任の重さを再確認させられ、励まされます。以下、引用します。

★　★　★

毎日きまって午前十一時過ぎに、妻の携帯電話が鳴る。三十六歳になる息子からの「定期便」だ。息子は、平日の午前中二時間仕事をしている。「定期便」は、仕事が終わったことを知らせる電話である。健常な普通の男なら、こんな電話

イラスト　あみり

を毎日母親にするはずがない。しかも、二時間の仕事をやり遂げたくらいで。男親としては、こんな息子が少々情けなくもあるが、母親は違う。「二時間できたの？　よかったね」と毎日優しく返している。男親と女親は違うんだなと思いながら、こんな妻の心情も分からないではない。

　二十歳ごろに発病して入退院を繰り返した息子が、こんな日々を送れるようになるとは考えられなかった。息子の状態が悪い時期は、妻も心身の不調を訴えた。重苦しい息子の表情やしぐさを見ていると、自分も心がふさいだ。これから息子はどんな人生をたどるんだろうと考えると、夫婦ともに気がめいった。こんな息子も地道な治療やいろんな方々の支えもあり、だんだん病状が落ち着いた。最後の退院を機に、アパートを借りて一人暮らしを始めさせた。先々のことを思うと、身の回りのことは一人でできないと、と考えた。親と少し距離をおく方が、息子だけでなく両親にとっても良い結果を生むのでは、と考えた。波はありながらも病気が再発することもなく一人で頑張っている。

調子が良くなるにつれて、障がい者向けの単純作業の仕事に不満も生まれてきたようだ。そんなとき、ラグーナ出版の存在を知り、幸いにも雇っていただいた。息子はもともと、本を読んだり文を書いたりするのが好きで、できればそんな世界で仕事をしたいと考えていたに違いない。両親も、できればそんな仕事があればと願っていた。息子にとって、よかったのは、日々の仕事の内容はともかく、知的な営みが会社の目指すところとなっている点ではないだろうか。障がい者といってもさまざまだ。もっともっといろんな仕事が用意されていい。

第十一回

# 本作りが集めた人

（平成二十四年五月九日掲載）

出版社を始めてよかったと思うのは、本が人を集め、つながりをつくってくれることです。

幼いころ、母が絵本を買ってくれて、幼稚園の先生がみんなの前で読み聞かせをしてくれました。誰もがわくわくした表情で、私に「よっちゃん、すごいね」と声を掛けてくれます。誇らしい気持ちになったのを今も覚えています。本が人を集めた経験は、本をつくるとき、意識しなくても私の中に流れているようです。

雑誌「シナプスの笑い」は、多くの方々とのつながりをつくってくれました。

読者には精神障がいの方々が多く、東瀬戸サダエさんもその一人でした。ある精神保健福祉大会で本を販売していたとき丁重に声を掛けてくださった人でした。「専門家の本はたくさん読みましたけど、精神障がい者だけの本は初めて。毎号楽しみです」「私は短歌をちょっとやっているんですが、投稿していいですか」

スイートピーの花に小蜘蛛《くも》が糸を張る生きねばならぬ生きねばならぬ

「病をば財産とせよ」ラジオより僧の言葉をうなづきて聴く

後日送られてきた手紙と短歌を前にして私は言葉を失いました。病（統合失調症）とともに四十五年生きて、病を財産として受容するに至る彼女の生きた軌跡に胸を打たれたのです。そのことを電話で伝えると、短歌集「重きもの負ふ」を送ってくれました。彼女の短歌を兄夫婦が編さんした短歌集で、本人のみならずご親族の苦労や希望が真っすぐ心に響いてくる、読後にさわやかな風を運んでくれる歌集でした。それには新聞などに掲載されたエッセーも収録、温かな人柄が伝わってきました。

連絡を重ねるうちに、半生を書きつづった随筆も送られてきました。戦後から現代まで、彼女が統合失調症を発症してからの四十五年間の精神医療保健福祉の歴史がつまっていました。その字体に似て情感豊か。温かな視線で描かれています。二十二年間を彼女は精神科病院で暮らしたと書いています。「最初の十七年間の入院が長かった。苦しかった。二十六歳から四十三歳まで。ここから出られないかも……と、弱気になったこともあった。そのたびにイヤいつか出られる、と、小さな灯を胸にともし続けた」

この随筆を読み、病院のなかでひっそり亡くなった患者さん、長期入院で暮らす患者さん一人一人の顔が鮮やかによみがえり、涙が止まりませんでした。

時代と病に翻弄《ほんろう》されながら、それでも生き抜いた方々の真の声を聞き、これを伝えなければならないという使命を感じました。解説には兄夫婦や精神科医が、イラストでは彼女のおいが協力してくれ、組版は星礼菜さんが担当。随筆に八十首の歌を加え、二〇〇九年に初の単行本「風の歌を聴きながら」が生まれたのです。

刊行後、精神障がいのある方やご家族、医療従事者はもちろん、精神疾患を知らない人や歌人、大学教授からも感想をいただきました。今年四月からは、福岡、佐賀、長崎も増え、九州全県の大手書店に置いてくださっています。本が人を集め、つながりをつくってくれたのです。「長い入院中、まず明るい人のところに人が集まります。そして笑いが絶えません」

後書きに、そう彼女は書いています。私は、それを読むと、どんな困難があっても笑って乗り越えられる気がするのです。

第十二回

# 勇気をくれた言葉たち

（平成二十四年五月十六日掲載）

精神科医療福祉と出版に共通しているのは、言葉の大切さです。

私はこれまで、病気から順調に回復していたのに、医療関係者やご家族の何げない一言によって、すべてが台無しになった事例を見てきました。また、ご家族から、精神障がいのお子さんにどんな言葉を掛ければいいのか、といった相談をよく受けます。出版では読者から「表現が不適切」という予想もしないご指摘を受けて、一千部の本に訂正シールを貼り、謝罪文を書いた経験があります。大切なのは、どちらも「こちらが言葉にどのような意味を込めるか」ではなく、「相手が言葉をどのように受け取るか」と考えることだと思います。

昨年七月、「勇気をくれた言葉たち」を刊行しました。この本には、統合失調症の方、頭の中が混乱していて体を動かせないうつ病の方など、五十二人の精神障がい体験者からいただいた七十二の「救われた言葉」「励まされた言葉」とその説明を掲載しています。

言葉の選考と編集は、精神障がいのある社員五人とともに行いました。編集作業中、日本を根底から揺るがした東日本大震災が起こり、編集に携わっていた社員の一人、竜人さん（仮名）は仕事を二週間休みました。福島出身である彼は、「自分が震災を起こしたのではないか」という観念に苦しめられたのです。「テレビや新聞の報道が自分のことを言っている気がした」。そう彼が感じた背景には、発症時の幻覚がありました。

本人の言葉によると、次のような体験でした。「それは忘れられない一日だった。私はその時、アイデンティティー、誇り、家風、仕事を全て失った。今でも私は覚えている。自分を否定する声やごう音が起こり、部屋がわずかに揺れたことを。全てを否定する何かが私に起こったことを……」

精神科医療の専門用語では、統合失調症の発症時にある「ただごとではない」「何か大変なことが起こりそう」という不気味な気分のことを「世界没落体験」といいます。竜人さんは、震災で自らの体験を思い出し、苦しんでいたのです。

被災された方々に対するのと同様、竜人さんのように追い込まれた状況の方に、どんな言葉を掛ければいいのか迷います。そして、「一人じゃないよ」「応援しています」「あせらず、ゆっくり療養してください」

といった平凡な言葉しか見つからない自分を発見するのです。

掲載者の一人で、わが社の事務部で働く女性、ひまわりさん（仮名）は、以前勤めていた職場で発症し、私が勤務していた精神科病院に入院しました。職場でトラブルを起こした後悔と将来への不安を抱え、生きることをつらく感じながら入院生活を送っていたといいます。一週間に一回着替えを持ってくる母親の面会が唯一の希望。お母さんの「せっかくここまで大きくなったのだから、家族三人で生きていこう」という言葉に救われたと書いています。

「勇気をくれる言葉」を掛けてくれたのはご家族というケースが大多数。同じ言葉でもご家族の言葉は響きが違います。言葉の意味だけではなく、信頼関係や、一緒に生きていく覚悟が、その背景にあるからです。それが、普通ならば、さらりと通り過ぎてしまう言葉を新たな光のもとに浮かび上がらせ、人を励まし、勇気を与えてくれる。私にはそう思えるのです。

第十三回

# 一本の電話で通じた心

（平成二十四年五月二十三日掲載）

わが社の事務部で働く女性社員、ひまわりさん（仮名）は、自分と同じように精神障がいのある就労希望の電話を取るたびに、「みんな仕事がなくて苦しんでいるのに、私だけ仕事していて、すまないと思います」と語ります。わが社は希望者が多く、断る状況が続いていました。

彼女は入社二年半で、フルタイム勤務できる体力がつきました。仕事は丁寧で、日常業務を安心して任せられます。そんな彼女が「すまない」と言うのです。統合失調症の人の多くは、幻覚や妄想といった他人には理解できない孤立した世界を抱えながら生活しています。その苦しみを人に強く訴えることもなく、時に自分を責めながら、ひっそりと生きています。まるで聖人のようで、思わず崇高の念を抱かされます。自分のことはさておき、他人を第一に考える彼女の言葉にも、それを感じました。

「健常」と呼ばれる社会に適応するために、私たちは、なぜこうまであくせく競争し、取り残されないように頑張って生きなければならないのか、とも考えさせられます。

ある日、ひまわりさんが電話口で「ありがとうございます。お待ちしております」と深く頭を下げていました。電話を切ると、上気した顔でやってきて、法政大学大学院の坂本光司教授（経営学）とゼミ生三十三名の視察の申し込みを報告してくれました。いきさつを聞くと、障がい者雇用についての教授の記事に感動して彼女が出した手紙が目に留まり、本人から電話が来たのだそうです。

そして、「坂本教授は全国六千五百以上の会社を視察されており、ゼミ生はほとんどが経営者の方々。社長に経営の話をしてほしいとのことでした」と続けました。私は、椅子から転げ落ちそうになりました。目の前のことで精一杯だったので、経営を体系的に学んだことはありませんでしたし、設立から三年の若輩者が、多くの経営者を前に、何を伝えていいのか分からなかったからです。

視察の日、遠くからスーツ姿の、いかにも経営者風の一団が見えたとき、頭がくらっとしました。結局、坂本教授とは、何のあいさつや打ち合わせもしないまま。ばつの悪さと、どう振る舞っていいのか分からない緊張とで、三十三人が百人ほどに見えたのです。

長身の男性が、私と隣にいた、ひまわりさんに頭を下げて言い

イラスト　あみり

ました。「坂本です。あなたの手紙を読んで感動し、すぐ訪問したいと思ったのに、遅くなってすみません。私は多くの会社を視察しました。だいたい電話一本で会社の様子が分かりますが、あなたの電話応対は手紙同様すばらしかった。ありがとう」

ひまわりさんと、坂本教授は目頭をうるませ、私まで熱いものが込み上げてきました。電話が苦手だったひまわりさんは、それを克服しようと、積極的に電話に出る努力を重ねていました。毎日少しずつの努力が、気づいたときには大きな変化を生んでいたのです。社員がほめられ、私は無上の喜びを感じました。そして、こうした体験を通して、私も責任を再確認させられ、「経営者」として育てられている気がしたのです。

第十四回

# 「外部の力」に助けられ

（平成二十四年五月三十日掲載）

統合失調症の難しいところは、症状が重いときに自分で気付きにくい点です。精神科病院で勤務しているとき、多くの急性期※の患者さんと出会います。「人に追われていて殺される」「『死ね』と聞こえて怖い」など、明らかに幻覚・妄想が認められるのに、「病気ではない」と訴えられます。

そういうとき私は、「あなたは病気でもないかもしれないけれど、とてもつらそうです。それがあなたや周りの人々をつらい気持ちにさせているように感じます。つらさが取り除けるように応援させてください」と話します。そして、つらさを取り除く過程を共に生きることで信頼関係を深めてきたように思います。

※急性期　主に病気のなり始め、つまり症状の比較的激しい時期を指す。

「病気」に限らず、自分のことに気付くのはとても難しいことです。長年引きこもっている方々は「自分のことが分からない」と言います。そして、他人の力を借りずに、何とかしようとしますが、どうにもならないという思いで、ますます無力感を覚えていくように思えます。キルケゴールは、「他者がいないところで自分自身であろうとする絶望」のことを、究極的で精神的な「死に至る病」と呼んでいますが、そこから抜け出すには、他人の力が必要だと思います。

前回紹介した坂本光司教授（経営学）とゼミ生の方々には、そのことを教わりました。「シナプスの笑い十五号」では、障がい者雇用をテーマにした、彼らと精神障がいのある弊社社員との座談会を掲載しました。ゼミ生には、障がいのある子どものお父さんが多数いらっしゃって、人生をかけて取り組んでいらっしゃるのを知り、心が震えました。彼らの温かな声掛けで、「私たちの実践を必要としている人がいる」と強く励まされ、会社の存在理由を教えられたのです。

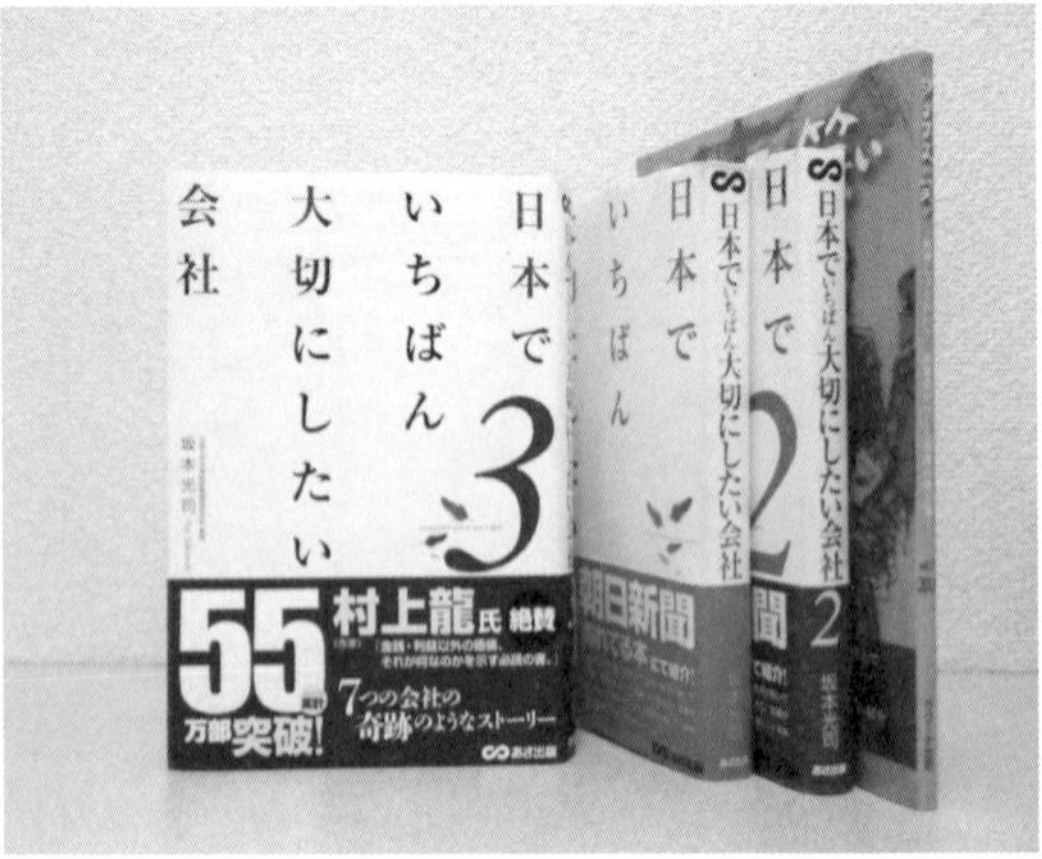


数回の来訪の後、坂本教授は、「『日本でいちばん大切にしたい会社３』にラグーナ出版を掲載したい」と、本を出している「あさ出版」（東京）の佐藤和夫社長と来社されました。現在六十万部以上売れているシリーズを手に取ると、「人の幸せを念じた経営に貫かれた会社」をぶれることなく扱っている編集方針、本のデザイン、営業活動、どれをとっても一流だと感じました。

そんなシリーズの取材を受けるのですから、草野球チームが大リーグチームに試合を申し込まれたような気後れを感じました。でもお会いした佐藤社長は徹底して相手の話を聴く方でした。緊張を解かれ、安心して話す中で私は「聴く姿勢」の大切さをあらためて教えられました。その上、取材というよりは「支援」の申し出を受けたのです。坂本教授は、弊社から本を出すことや無償で顧問になることを、佐藤社長は書店に対する本の販売支援に同行することを提案してくださり、涙がこぼれました。

ゼミ生の方々の来訪は十回以上に及び、あさ出版の営業の権藤氏には、弊社の本を営業するために九州の書店を同行販売していただきました。弊社の社員は、その度ごとに温かい言葉で励まされました。

思えば、ラグーナ出版を作った当初は、「会社の運営は自分一人で何でもしないといけない」と思い込み、難局では「会社のみんなでどうにかしないといけない」という緊張から、がちがちになっていました。ひきこもりの方々と家族が「死に至る病」から抜け出すことと同じように、私たちにも外部の人の力が必要だったのです。

第十五回

# 人間の究極の幸せとは

（平成二十四年六月六日掲載）

わが社で働いている一矢さん（仮名）との出会いは、私が精神科病院に就職した一九九八年のことでした。生きるのがつらくなって、「神様になってやろう」と岸壁から海に身を投げて入院してきた彼は、当時医学部の学生でした。激しい幻覚妄想が収まると、「映画『パッチ・アダムス』の主人公のように、精神障がいを抱えながらも、医師として同じ病に苦しむ人々を助けたい」と夢を語りました。その後、押し寄せてくる幻覚症状との戦いのなかで、その夢を諦めます。この時と福祉手帳をもらった時、彼は「奈落の底に突き落とされた」と言います。「手帳を見た時に、自分は、みんなの税金で食べていく存在になったと思い、涙が出ました」と。

十四年の時を経て、彼は、わが社の自立訓練に通い、生活リズム、通所の体力をつけました。今年五月から、営業部で働いています。「これまで社会とは別の異次元空間に属している感じだったけれど、働くことで社会とのつながりを取り戻した」と語ります。

この連載のイラストを担当した一人、あみりさん（仮名）は、前の職場で、出勤しようとすると身体が拒否反応を起こすようになって退職。社会に出て行く自信を失い、二年間、ひきこもり生活が続きました。そんな折、東日本大震災が起こり「自分のことばかり考えている生活を変えたい。社会の役に立ちたい」と自立訓練に通ったのです。公共交通機関に乗る恐怖を克服し、絵を描ける強みを自信に変えて、仕事ができるようになりました。デザインを覚えていくのは厳しいことだけれど、その厳しさが楽しいと話します。

この二人に限らず、就職面接の時、精神障がいがある志望者に共通するのは、この「負い目」であり、「社会の役に立ちたい」という思いです。大変なこともありますが、仕事のなかで夢やつながりができていきます。それは、精神障がいの回復にも役立つのです。

先日、『日本でいちばん大切にしたい会社』（あさ出版）に掲載された日本理化学工業（川崎市）を訪ねました。長年障がい者雇用に取り組んできた会社です。障がいのある社員が主体的に、誇りを持って働く姿に感銘を受けました。入り口の石碑に、大山泰弘会長の言葉が刻まれていました。

「導師は人間の究極の幸せは、人に愛されること、人にほめられること、人の

イラスト　あみり

役に立つこと、人から必要とされることの四つと言われました。働くことによって愛以外の三つの幸せは得られるのだ。私はその愛までも得られると思う」

社会的な体裁とか、損得の考え方ではなく、働くことの意味を根源的にとらえている彼らに、私は「豊かさ」を感じるのです。十五回の連載は、わが身と会社の歩みを振り返るよい機会でした。それは、「自分一人で生きていくのだ」という若いころの意気込みが崩れ落ち、つながりの大切さを教えられる過程でした。人を信じ、肩の力が抜けてから物事がうまくいくようになったと感じています。

最後に、この記事を読んで、温かなご声援をくださった、読者の方々に社員一同感謝申し上げます。

● 著者プロフィール

川畑 善博（かわばた よしひろ）

1968 年 鹿児島県出水市生まれ。
1991 年 法政大学文学部英米文学科卒業。
1992 年 東京にて出版社に勤務。
1998 年 鹿児島に帰省し、精神保健福祉士として精神科病院、SST、デイケアに従事。
2008 年（株）ラグーナ出版を設立。代表取締役社長。
2012 年 現在、同社にて就労継続支援 A 型事業、自立訓練事業を行っている。


**働くことと回復**
― 就労継続支援A型事業所から見えること ―

二〇一二年八月一日第一刷発行
二〇一七年一月二十七日第三刷発行

著　者　川畑善博
装　丁　星礼菜
イラスト　星礼菜・あみり
発行所　株式会社ラグーナ出版
〒八九二－〇八四七
鹿児島県鹿児島市西千石町三番二六－三F


電　話　〇九九－二一九－九七五〇
ＦＡＸ　〇九九－二一九－九七〇一
メール　info@lagunapublishing.co.jp
ＨＰ　http://lagunapublishing.co.jp


製　本　株式会社ラグーナ出版
印　刷　有限会社創文社印刷
本書はラグーナ出版の手製本です。
本に仕上がる工程を一つひとつ手づくりで行っています。